어휘 공부가 되는

관용구 따라 쓰기

박정아 글

개암나무

글 박정아

초등학교 교사로 아이들을 가르치고 있습니다. 독서 지도를 위한 교안을 제작하고, 어린이들에게 유익한 책을 추천하는 등 독서 교육에 힘쓰고 있습니다. 쓴 책으로 2015년 세종도서 교양 부문에 선정된 《속담 한 상 푸짐하네!》가 있습니다.

어휘 공부가 되는 관용구 따라 쓰기

초판 1쇄 발행 2016년 2월 15일

글 박정아

펴낸곳 도서출판 개암나무(주)
펴낸이 김보경
마케팅 총괄 김수현   **마케팅** 이택수 이예지
편집장 박진영   **편집** 박선영 박은하   **디자인** 김재미
출판등록 2006년 6월 16일 제22-2944호

주소 서울특별시 마포구 만리재로 83, 12층(공덕동, 나경빌딩) (우)04208
전화 (02)6254-0601, 6207-0603   **팩스** (02)6254-0602   E-mail gaeam@gaeamnamu.co.kr
개암나무 블로그 http://blog.naver.com/gaeamnamu   개암나무 카페 http://cafe.naver.com/gaeam

이 책은 출판사의 허락 없이 내용의 일부를 인용하거나 발췌하는 것을 금합니다.

ISBN 978-89-6830-264-0 74700
ISBN 978-89-6830-229-9(세트)

이 도서의 국립중앙도서관 출판시도서목록(CIP)은 서지정보유통지원시스템 홈페이지(http://seoji.nl.go.kr)와 국가자료공동목록시스템(http://www.nl.go.kr/kolisnet)에서 이용하실 수 있습니다.
(CIP제어번호: CIP2016001769)

이렇게 공부해요!

관용구와 풀이를 소리 내어 읽어 보세요.

관용구가 만들어진 원리와 각각의 낱말이 지닌 뜻, 관용구의 쓰임새 등을 자세히 설명했어요.

관용구를 활용한 문장을 따라 써 보세요.

교과서를 바탕으로 관용구가 쓰인 문장을 소개했어요. 문장 속에서 어떻게 쓰이는지 살펴보세요.

바른 자세로 앉아 연필을 바로 쥐고 관용구를 적어 보세요.

문장을 직접 쓰면서 관용구를 익혀 보세요.

여는 글

교과서 속 관용구를 따라 쓰면서 어휘 공부를 시작해요!

　어휘력이 풍부하면 국어 공부를 잘할 수밖에 없어요. 그럼 어휘력이 풍부하다는 것은 아는 낱말이 많다는 뜻일까요? 단순히 그것만을 의미하는 것이 아니랍니다. 각 낱말의 뜻을 정확하게 아는 것은 물론, 낱말의 조합인 어구의 뜻을 바르게 알고, 알맞은 상황에서 실제로 사용할 줄 아는 능력까지를 포함하지요. 이 어휘력을 가늠하는 잣대가 바로 관용구입니다.

　관용구란 우리가 평소에 쓰는 말로, 보통 두 개 이상의 단어로 이루어져 있습니다. 그런데 단어 각각의 의미만으로는 관용구가 뜻하는 바를 정확히 알기가 어려워요. 가령 '뒤통수를 맞다'의 경우 각각의 뜻만 보면 관용구의 본뜻인 '배신을 당하다'란 의미를 알아내기가 쉽지 않아요.

　학년이 올라갈수록 지문의 양이 많아지고 익혀야 할 관용구는 점점 늘어납니다. 이에 따라 지문을 이해하는 능력, 즉 독해력은 관용구와 같은 어휘를 얼마나 많이 아느냐에 따라 판가름 나게 되지요. 그렇다면 관용구를 어떻게 익혀야 할까요?

    가장 좋은 방법은 다양한 글을 읽으며 문맥 속에서 자연스럽게 익히는 것입니다. 그러나 모든 관용구를 독서를 통해서만 습득하는 것은 거의 불가능하지요. 그러므로 특화된 학습이 필요합니다. 여기에 가장 적합한 방법이 바로 '따라 쓰기'입니다.

    《어휘 공부가 되는 관용구 따라 쓰기》는 초등 전 학년 국어 교과서에 수록된 관용구를 선별하여 그 의미를 알기 쉽게 풀어 줍니다. 또한 관용구가 쓰인 문장을 예로 들어 더욱 효과적인 학습이 되도록 이끌지요. 마지막으로 직접 써 보는 훈련을 통해 더욱 확실하게 기억되도록 하였습니다.

    《어휘 공부가 되는 관용구 따라 쓰기》를 통해 우리말과 글을 풍부하게 익히고 제대로 활용하는 힘을 길러 보세요.

차례

ㄱ
가슴이 서늘하다	… 8
걱정이 태산이다	… 10
겁에 질리다	… 12
고개를 들다	… 14
귀를 기울이다	… 16
귀를 의심하다	… 18
꿈인지 생시인지	… 20

ㄴ
눈독을 들이다	… 22
눈앞이 캄캄하다	… 24
눈에 띄다	… 26
눈을 의심하다	… 28
눈치를 살피다	… 30

ㄷ
두말하면 잔소리	… 32
뒤통수를 맞다	… 34
땅이 꺼지게	… 36
뜸을 들이다	… 38

ㅁ
마음이 풀리다	… 40
말문이 막히다	… 42
머리를 긁다	… 44
머리를 맞대다	… 46
머리를 식히다	… 48
머리를 쥐어짜다	… 50
머리털이 곤두서다	… 52
문을 닫다	… 54
밑도 끝도 없다	… 56

ㅂ
바람을 쐬다	… 58
발바닥에 불이 나다	… 60
배꼽을 쥐다	… 62
별 볼 일 없다	… 64
보통이 아니다	… 66

ㅅ

성에 차다	⋯ 68
세상을 떠나다	⋯ 70
손꼽아 기다리다	⋯ 72
손사래를 치다	⋯ 74
숨이 막히다	⋯ 76
시치미를 떼다	⋯ 78
씻은 듯이	⋯ 80

ㅇ

약을 올리다	⋯ 82
어안이 벙벙하다	⋯ 84
이를 악물다	⋯ 86
입맛을 다시다	⋯ 88
입술을 깨물다	⋯ 90
입을 다물지 못하다	⋯ 92

ㅈ

정신을 차리다	⋯ 94
종종걸음을 놓다	⋯ 96
주먹을 불끈 쥐다	⋯ 98

ㅋ~ㅎ

코웃음을 치다	⋯ 100
콧등이 시큰하다	⋯ 102
풀이 죽다	⋯ 104
혀를 차다	⋯ 106

가슴이 서늘하다

: 두려움으로 마음속에 찬바람이 이는 것 같이 선득하다.

'가슴이 서늘하다'는 두렵고 으스스한 기분이 들 때 순간적으로 가슴이 차갑게 느껴지는 것을 말해요. 이처럼 무언가 무서운 기분이 들 때 춥다는 느낌에 비유한 표현이 많아요. 가령 '한기가 느껴지다', '으스스하다', '오싹하다', '찬바람이 일다' 따위가 있지요. 모두 무서운 기분이 들 때 쓰는 표현들이랍니다.

이렇게 쓰여요

- 가슴이 서늘해져서 나도 모르게 발걸음이 느려졌습니다. (국어 4-1 ㉮ 고양이야, 미안해)
- 자정이 가까워지자 점점 가슴이 서늘해지면서 두려움이 엄습하였습니다.

 관용구를 따라 써 보세요.

| 가 | 슴 | 이 | | 서 | 늘 | 하 | 다 | |

 문장을 따라 쓰면서 관용구를 익혀 보세요.

가슴이 찡ుల해서서 나도 모르게 눈물이 나왔습니다.

걱정이 태산이다

: 해결해야 할 일이 너무 많거나 복잡해서 걱정이 태산처럼 크다.

태산은 중국의 이름난 산이에요. 이름에 '클 태(太)' 자를 쓸 정도로 산이 아주 크고 높지요. 그러니 걱정이 태산만 하다면 얼마나 걱정이 크겠어요. 도무지 안심이 되지 않아 속이 바짝 탈만큼 걱정스럽다는 것을 강조한 표현이랍니다.

이렇게 쓰여요

- 이렇게 되자 마을에서 가장 나이가 많아서 마을 어르신 노릇을 하고 있는 할아버지는 걱정이 태산 같아. (국어 4-2 ㉮ 울보 바보 이야기)
- 내일이 시험인데 이제 와 걱정이 태산이다.

 관용구를 따라 써 보세요.

걱정이 태산이다

 문장을 따라 쓰면서 관용구를 익혀 보세요.

이렇게 되자 마을에서 가장 나이가 많아서 마을 어르신 노릇을 하고 있는 할아버지는 걱정이 태산 같아.

며칠 앞으로 시험이 다가와 걱정이 태산이다.

겁에 질리다

: 잔뜩 겁을 먹어서 기를 못쓰다.

겁은 '무서워하는 마음'이에요. '질리다'는 '놀라거나 두려워서 기가 막히거나 풀이 꺾이다'는 뜻이지요. 무서운 장면을 보면 보통 소리를 지르거나 눈을 가려요. 하지만 너무 무서울 때는 소리조차 나오지 않지요. 이처럼 너무 두려워서 옴짝달싹도 못할 때 '겁에 질리다'라는 표현을 쓴답니다.

이렇게 쓰여요

- 민철이는 고개를 빠르게 가로저었다. 겁에 질린 표정이었다. (국어 4-1 ㉮ 행복한 비밀 하나)
- 무엇인가 시커먼 물체를 본 지혜는 잔뜩 겁에 질린 표정으로 달려 나갔다.

 관용구를 따라 써 보세요.

겁에 질리다	겁에 질리다

 문장을 따라 쓰면서 관용구를 익혀 보세요.

고개를 들다

1. 남을 대할 때 떳떳하고 자랑스럽다.
2. 기운이나 형세가 성하거나 활발해지다.

만약 상장이나 칭찬을 받는다면 기분이 어떨까요? 자랑스러운 마음에 어깨를 쫙 펴고 고개를 똑바로 들 거예요. 이처럼 '고개를 들다'라는 표현은 떳떳하고 당당할 때 써요. '얼굴을 들다'도 같은 뜻으로 쓰지요. 또한 어떤 분위기나 흐름이 왕성하고 활발한 경우에도 이 표현을 써요. 반대로 '고개를 숙이다'는 기세가 꺾여 누그러진다는 의미예요. 누군가에게 꾸지람을 듣거나 용서를 구할 때 저절로 고개가 수그러지는 모습에 비유한 표현이지요.

이렇게 쓰여요

- 아이는 매일 징검돌을 밟고 개울을 건넙니다. 맨날 건너는데 뭐, 고개를 바짝 들었을 때였어요. (국어 활동 2-2 ㉯ 꿈꾸는 징검돌)
- 마을에 돌던 전염병이 잠시 주춤했다가 다시 고개를 들기 시작했다.

관용구를 따라 써 보세요.

| 고개를 들다 | 고개를 들다 |
| | |

 문장을 따라 쓰면서 관용구를 익혀 보세요.

아이는 매일 징검돌을 밟고 개울을 건넙니다. 맨날 건너는데 뭐, 고개를 바싹 들었을 때였어요.

더 옛날 돌던 전염병이 순식간에 숨졌다가 다시 퍼지울 것 시작했다.

귀를 기울이다

: 남의 이야기나 의견에 관심을 가지고 주의를 모으다.

머리, 눈, 코 등 인체 부위를 포함하는 관용구가 많아요. 귀도 흔히 쓰이지요. 그 중 '귀를 기울이다'는 상대방 쪽으로 자신의 귀를 가깝게 하는 모습이에요. 가까이 가면 당연히 더 잘 들리겠지요. 따라서 남의 말을 집중해서 잘 듣는다는 뜻으로 이 표현을 써요. 같은 뜻으로 '귀를 재다'라는 말이 있어요.

이렇게 쓰여요

- 마룻바닥에 바짝 귀를 대고 쥐 소리가 나지 않나 귀를 기울이셨어요.
  (국어 4-1 ㉮ 고양이야, 미안해)

- 모두 들뜬 마음으로 선생님의 말씀에 귀 기울였어요.
  (국어 3-1 ㉮ 꼴찌라도 괜찮아)

 관용구를 따라 써 보세요.

귀를	기울이다

 문장을 따라 쓰면서 관용구를 익혀 보세요.

귀를 의심하다

: 믿기 어려운 이야기를 들어 잘못 들은 것이 아닌가 생각하다.

'청천벽력'은 뜻밖에 일어난 큰 재앙이나 사고를 맑게 갠 하늘에서 치는 날벼락에 비유한 말이에요. 결코 반가운 상황이 아니지만 우리는 살면서 이런 소식을 접하게 돼요. 그럴 때면 사실이 아니라 믿고 싶기도 하고, 잘못 들었을 거라고 생각하기도 해요. 이때 '귀를 의심한다'고 하지요. 한편 안 좋은 일들만 귀를 의심케 하는 것은 아니에요. 깜짝 놀랄 만한 좋은 소식을 들었을 때에도 이 표현을 쓴답니다.

이렇게 쓰여요

- "나중에 혹시 누구한테 잡히면 원장이 도망가라 하더라고 말하시오." 환자는 귀를 의심했습니다. (국어 활동 4-1 ㉯ 가난한 사람들의 아버지)
- 1등이라는 결과 발표에 내 귀를 의심했다.

 관용구를 따라 써 보세요.

귀를   의심하다

 문장을 따라 쓰면서 관용구를 익혀 보세요.

"나중에 혹시 누구한테 갑히면 임금이 도망가라고 하려고 뭐 하시오?"

임금은 귀를 의심했소.

꿈인지 생시인지

: 간절히 바란 일이 이루어져 꿈처럼 여겨지는 것을 이르는 말.

꿈은 우리가 잠자는 동안에 마치 깨어 있는 것처럼 여러 가지 사물을 보고 듣는 정신 현상이에요. 또한 이루고 싶은 희망이나 이상을 뜻하기도 하지요. 반대로 생시는 깨어 있는 상태를 뜻해요. 너무나 뜻밖이거나 절대로 이루어질 수 없는 일이 이루어졌을 때 믿기지 않는 기분을 꿈인지 생시인지 구분하지 못하겠다는 표현으로 나타내지요.

이렇게 쓰여요

- 할아버지가 이게 꿈인가 생시인가 멍하니 지켜보고 있는데, 어느새 할아버지보다 훨씬 더 늙으신 할머니 한 분이 나타나서 할아버지 일행을 맞으시는 거야.

(국어 4-2 ㉮ 울보 바보 이야기 중)

 관용구를 따라 써 보세요.

꿈 인 지   생 시 인 지

 문장을 따라 쓰면서 관용구를 익혀 보세요.

눈독을 들이다

: 욕심을 내어 눈여겨보다.

'눈독'은 눈에 서린 독기를 뜻하는 한편, 욕심을 내어 눈여겨보는 기운을 말하기도 해요. 멋진 휴대 전화나 예쁜 가방을 보면 자기도 모르게 갖고 싶은 마음이 생겨 쳐다보게 되지요. 그럴 때 '눈독을 들이다'라는 표현을 써요. '눈독을 쏘다', '눈독을 올리다'도 같은 뜻으로 쓴답니다.

이렇게 쓰여요

- 엄마가 내 방을 걸어 나가는데도 엄마 손에 들린 약봉지에 자꾸 눈독을 들이지 뭐야. (국어 2-2 ㉮ 내 동생은 못말려)
- 일주일째 눈독을 들여 온 뒷산에 주인 없는 감이 드디어 빨갛게 익었다.

 관용구를 따라 써 보세요.

눈독을 들이다

 문장을 따라 쓰면서 관용구를 익혀 보세요.

눈앞이 캄캄하다

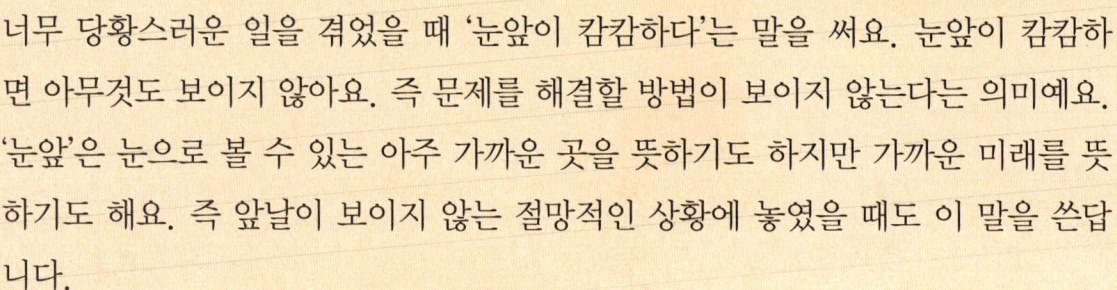

: 어찌할 바를 몰라 아득하다.

너무 당황스러운 일을 겪었을 때 '눈앞이 캄캄하다'는 말을 써요. 눈앞이 캄캄하면 아무것도 보이지 않아요. 즉 문제를 해결할 방법이 보이지 않는다는 의미예요. '눈앞'은 눈으로 볼 수 있는 아주 가까운 곳을 뜻하기도 하지만 가까운 미래를 뜻하기도 해요. 즉 앞날이 보이지 않는 절망적인 상황에 놓였을 때도 이 말을 쓴답니다.

이렇게 쓰여요

- 몇 자 되지도 않는 하얀 글씨가 눈앞을 캄캄하게 만들었다. (국어 2-2 ㉮ 받아쓰기 시험)
- 영우는 눈앞이 캄캄해져 오는 것을 느꼈습니다. (국어 6-2 ㉯ 세상을 밝힌 꿈)
- 다리가 후들거리고 눈앞이 캄캄하였다. (국어 활동 4-1 ㉯ 반장 선거)

 관용구를 따라 써 보세요.

눈 앞 이   캄 캄 하 다

 문장을 따라 쓰면서 관용구를 익혀 보세요.

눈에 띄다

: 두드러지게 드러나다.

'군계일학'이라는 사자성어가 있어요. 뜻을 풀이해 보면 닭 무리 가운데 한 마리 학이라는 뜻이지요. 온통 닭뿐인데 학 한 마리가 홀로 있다면 얼마나 도드라져 보일까요? 학이 아무리 구석진 데 숨으려 해도 눈에 확 드러나 보일 거예요. 이처럼 무언가 확연히 두드러져 보일 때 '눈에 띄다'라고 해요.

이렇게 쓰여요

- 날씨가 추워지면서 기침을 하는 사람들이 눈에 띄게 늘어났다. (국어 5-2 ㉮ 감기와 독감)
- 꾸준히 연습했더니 예찬이의 축구 실력이 눈에 띄게 좋아졌습니다.

 관용구를 따라 써 보세요.

눈에 띄다	눈에 띄다

 문장을 따라 쓰면서 관용구를 익혀 보세요.

눈을 의심하다

: 잘못 보지 않았나 하여 믿지 않고 이상하게 생각하다.

사람들은 종종 '두 눈으로 똑똑히 보았다'라는 말을 해요. 눈으로 본 것이 항상 맞다고 생각하고 하는 말이지요. 그런데 어떨 때는 '내가 본 것이 진짜 맞는 걸까?'라는 생각이 들 때가 있어요. 도저히 믿기지 않는 상황, 일어날 것 같지 않은 상황이 발생했을 때 자기 눈을 의심하며 잘못 보았다고 여기는 거지요. 이때 쓰는 표현이랍니다.

이렇게 쓰여요

- 순간, 누구인가 교실 바닥에 나뒹굴었다. 나는 내 눈을 의심하였다.
  (국어 4-1 ㉮ 행복한 비밀 하나)

- 헐레벌떡 뛰어나가 현관문을 열자 두 눈을 의심케 할 만한 장면이 펼쳐졌다.

 관용구를 따라 써 보세요.

 문장을 따라 쓰면서 관용구를 익혀 보세요.

눈치를 살피다

: 남의 눈치를 엿보다.

'눈치'는 남의 마음을 그때그때 상황으로 미루어 알아내는 것이에요. 느닷없이 선생님이 화를 낸다거나 친구의 태도가 차가워졌다면 다짜고짜 이유를 묻기보다 먼저 상대방이 왜 그럴까 살펴보게 돼요. 앞뒤 상황을 미루어 보고 그 이유를 추측하는 것이지요. 그래서 '눈치를 살피다'라는 것은 다른 사람을 신경 쓰는 행동을 뜻해요.

이렇게 쓰여요

- 개는 두 눈으로 할아버지와 네로의 눈치를 살폈지만, 조심스럽게 할짝할짝 죽을 먹기 시작했습니다. (국어 활동 3-1 ㉮ 플랜더스의 개)
- 유리창을 깬 민석이는 엄마의 눈치만 살피고 있었습니다.

 관용구를 따라 써 보세요.

| 눈 | 치 | 를 | | 살 | 피 | 다 |

 문장을 따라 쓰면서 관용구를 익혀 보세요.

두말하면 잔소리

: 이미 말한 내용이 틀림없으므로 더 말할 필요가 없음을 강조하여 이르는 말.

잔소리는 '쓸데없이 자질구레하게 늘어놓는 말'이에요. 상황이나 내용을 보았을 때 나도 알고 상대방도 알고 있는데 여러 번 반복해서 설명하거나, 참견하는 것이지요. 두 번 말했을 뿐인데 잔소리라는 것은 그 이야기가 되풀이할 필요 없는 너무나 당연한 말임을 강조한 표현이랍니다.

이렇게 쓰여요

- 올빼미는 노란 눈을 둥그렇게 떴습니다. "잡아먹을 거냐고? 두말하면 잔소리지!"
  (국어 활동 3-1 ㉮ 화요일의 두꺼비)

- 강우와 내가 단짝인 것은 두말하면 잔소리다.

 관용구를 따라 써 보세요.

두 말 하 면   잔 소 리

 문장을 따라 쓰면서 관용구를 익혀 보세요.

뒤통수를 맞다

: 배신이나 배반을 당하다.

앞에서 누군가 공격을 해 온다면 피하거나 막을 수 있을 텐데, 뒤통수 즉 머리 뒤쪽을 공격해 오면 대처하기가 어려워요. 그래서 믿었던 사람에게 뜻밖의 배신을 당할 때 이 표현을 쓴답니다.

이렇게 쓰여요

- 나는 뒤통수를 한 대 맞은 기분이었다. (국어 4-1 ㉮ 지우개 따먹기 법칙)
- "왜 내가 잠을 자지 못하느냐고? 그렇게 믿고 아끼던 후배에게 뒤통수를 맞았는데 잠이 오겠어?"

 관용구를 따라 써 보세요.

뒤 통 수 를   맞 다

 문장을 따라 쓰면서 관용구를 익혀 보세요.

나는 뒤통수를 한 대 맞은 기분이었다.

"예, 제가 잔오 가기 즉하고 나고? 그 놓게 빈 ... 시기기 즈베게 뒤 통수를 맞았는데 잠이...

땅이 꺼지게

: 한숨을 쉴 때 몹시 깊고도 크게.

땅이 꺼진다는 것은 단단한 땅이 아래로 움푹 파인다는 거예요. 멀쩡하던 도로가 아래로 푹 내려앉는 '싱크홀' 현상처럼 말이지요. 그런데 이 표현은 실제로 땅이 꺼진 상황에 쓰기보다 너무나 상심하고 걱정이 될 때 나오는 한숨의 정도를 나타낼 때 주로 써요. 내쉬는 숨으로 단단한 땅을 꺼트린다니 한숨이 얼마나 깊을지 짐작이 가지요?

이렇게 쓰여요

- 발이 퉁퉁 부어서 보통 때보다 두 배는 더 커 보였습니다. 워턴은 땅이 꺼져라 한숨을 쉬었습니다. (국어 활동 3-1 ㉮ 화요일의 두꺼비)
- 배가 뒤집혔다는 소식에 상인들은 땅이 꺼지게 한숨을 쉬었습니다.

 관용구를 따라 써 보세요.

땅이 꺼지게   땅이 꺼지게

 문장을 따라 쓰면서 관용구를 익혀 보세요.

발이 퉁퉁 부어서 보통 때보다 두 배는 더 커 보였습니다. 워런은 숨이 꺼칠 한숨을 쉬었습니다.

인호는 땅이 꺼질 듯 한숨을 쉬었습니다.

뜸을 들이다

: 일이나 말을 할 때에, 쉬거나 여유를 갖기 위해 서두르지 않고 한동안 가만히 있는 경우를 비유적으로 이르는 말.

'뜸'은 음식을 찌거나 삶아 익힐 때, 흠씬 열을 가한 뒤 한동안 뚜껑을 열지 않고 그대로 두어 속속들이 익도록 하는 일을 말해요. 즉 무슨 일을 할 때 '뜸을 들이다'라고 하는 것은 일을 서둘러 해치우는 것이 아니라 한동안 시간을 들여 가만히 기다리는 경우를 말한답니다.

이렇게 쓰여요

- 뜸을 들이던 준혁이가 말을 꺼냈다. (국어 4-1 ㉮ 지우개 따먹기 법칙)
- 일단 그 일을 하겠다고 했으면 뜸 들이지 말고 빨리 해치워 버려라.

 관용구를 따라 써 보세요.

뜸을 들이다   뜸을 들이다

 문장을 따라 쓰면서 관용구를 익혀 보세요.

힘을 들이면 준혁이가 일을 시켰다.

깨끗한 길을 헤치겠다고 했으면 힘 들이지 말고 뿔이 헤치워 버려.

마음이 풀리다

1. 마음속에 맺히거나 틀어졌던 것이 없어지다.
2. 긴장하였던 마음이 누그러지다.

친구와 친하게 지내다가도 가끔 마음이 맞지 않아 멀어질 때가 있어요. 그럴 때 누구라도 먼저 손을 내밀면 서로 미워하던 마음이 눈 녹듯이 사라져요. 이럴 때 '마음이 풀린다'고 해요. 겨울에 땅이 꽁꽁 얼었다가 봄이 오면 녹아 풀리듯이, 얼어 있던 마음이 사르르 누그러지는 거지요. 또한 시험이나 발표를 앞두고 긴장되기도 하는데, 이때 따뜻한 격려의 말을 들으면 한결 나아져요. 그럴 때도 이 표현을 써요.

이렇게 쓰여요

- 시냇가에서 빨래를 하던 아주머니들은 그 물에 손을 적시자마자 얼어붙은 마음이 스르르 풀리는 걸 느꼈어. (국어 4-2 ㉮ 울보 바보 이야기)
- 집에 무사히 도착하고 나니 긴장된 마음이 풀렸습니다.

 관용구를 따라 써 보세요.

마음이 풀리다

 문장을 따라 쓰면서 관용구를 익혀 보세요.

시냇가에서 빨래를 하던 아주머니들은 갑자기 소낙비가 쏟아지자 옷이 젖을까 봐 허둥지둥 빨래를 걷었다.

말문이 막히다

: 말이 입 밖으로 나오지 않게 되다.

말문은 말이 드나드는 통로, 즉 입을 뜻해요. 말문이 막혔다는 것은 어떤 말도 입 밖으로 나오지 못하는 상황이지요. 보통 예기치 못하게 너무 황당한 일을 당해서 기가 막힐 때 '할 말을 잊다'와 같은 의미로 쓰여요. 또한 너무 감동적이거나 감정이 북받치는데 뭐라 딱히 할 말이 떠오르지 않을 때에도 이 표현을 쓴답니다.

이렇게 쓰여요

- 순간, 나는 말문이 턱 막혔습니다. (국어 4-1 ㉮ 고양이야, 미안해)
- 너무 기가 막혀서 은수는 말문이 막혔습니다.

 관용구를 따라 써 보세요.

말문이 막히다

 문장을 따라 쓰면서 관용구를 익혀 보세요.

순간, 너는 말문이 막혔습니다.

머리를 긁다

: 수줍거나 무안해서 어쩔 줄 모를 때 그 어색함을 덮으려고 머리를 긁적이다.

실수를 하거나 사과를 해야 할 때 부끄럽고 어색한 기분이 들어요. 이럴 때 사람들은 다리를 꼬거나 코나 목을 만지는 등 자기도 모르게 여러 가지 행동을 한답니다. 머리를 긁는 것도 그중 하나이지요. '머리를 긁적이다'도 같은 뜻으로 쓰여요.

이렇게 쓰여요

- "그것도 한 바퀴나 차이 나게 진 거야?" 이호는 머리를 긁적이며 멋쩍게 웃었어요.
  (국어 3-1 ㉮ 꼴찌라도 괜찮아)

- 나는 허리를 깊숙이 숙여 인사를 하고 뒷머리를 긁적이며 자리로 돌아왔다.
  (국어 활동 4-1 ㉯ 반장 선거)

 관용구를 따라 써 보세요.

| 머 | 리 | 를 | | 긁 | 다 | 머 | 리 | 를 | | 긁 | 다 |
| | | | | | | | | | | | |

 문장을 따라 쓰면서 관용구를 익혀 보세요.

머리를 맞대다

: 어떤 일을 의논하거나 결정하기 위하여 서로 마주 대하다.

중요한 문제를 해결해야 할 때, 혹은 뾰족한 대책을 내놓아야 할 때 다 같이 모여 생각을 나누어요. 이때 "우리 머리를 맞대어 의논해 봅시다.", "머리를 맞대어 의논하면 좋은 수가 있지 않을까요?"라는 말을 해요. 여기에서 '맞대다'는 '서로 가깝게 마주 대하다'는 뜻이지요. 사람들이 자신의 생각을 말하기 위해 가까이 모여 앉은 모습을 빗댄 표현이랍니다.

이렇게 쓰여요

- 옹기종기 머리를 맞대고 킬킬대던 도깨비들을 보고 수민이가 물었습니다.
  (국어 활동 2-2 ㉮ 어두운 계단에서 도깨비가)
- 이 문제를 해결하기 위해 다들 머리를 맞대고 저마다 의견을 내놓았다.

 관용구를 따라 써 보세요.

머 리 를   맞 대 다

 문장을 따라 쓰면서 관용구를 익혀 보세요.

옹기종기 머리를 맞대고 킬킬대던 도깨비들을 보고 수민이가 물었습니다.

이 문제를 해결하기 위해 머리를 맞대고 기막히 의견을 내놓았어.

머리를 식히다

: 흥분되거나 긴장된 마음을 가라앉히다.

어떤 일에 대하여 깊게 생각하다 보면 머릿속이 복잡해져요. 그럴 때 사람들은 머리를 식혀야 한다고 말해요. 마치 물을 데우느라 뜨거워진 주전자를 식히는 것처럼 말이지요. 그러나 이때 '식히다'는 물리적인 온도를 내린다라기보다 어떤 일에 대한 열의나 생각 등을 줄이거나 가라앉히는 것을 의미해요. 그래서 무엇인가에 몰두하거나 흥분된 마음을 '차분히 가라앉히다'라는 뜻으로 쓴답니다.

✏️ 이렇게 쓰여요

- 화가 난 태원이는 머리도 식힐 겸, 새 자전거를 타고 아파트 단지 안을 몇 바퀴나 돌았다. (국어 활동 4-2 ㉮ 내 자전거니까)
- 긴장한 선수들은 머리를 식히려고 잠시 밖으로 나갔습니다.

 관용구를 따라 써 보세요.

| 머 리 를   식 히 다 |

 문장을 따라 쓰면서 관용구를 익혀 보세요.

머리를 쥐어짜다

: 몹시 애를 써서 궁리하다.

머리는 목 위쪽의 신체 부분을 가리키지만 생각하고 판단하는 능력 자체를 뜻하는 경우가 많아요. '머리가 좋다', '머리를 쓴다'처럼요. '쥐어짜다'는 액체 같은 것을 비틀거나 눌러 짜낸다는 뜻인데, '이리저리 궁리하여 골똘히 생각하다'라는 뜻도 있어요. 따라서 '머리를 쥐어짜다'는 머리에서 좋은 생각이나 아이디어를 떠올리려고 애를 쓴다는 의미로 써요.

이렇게 쓰여요

- 이제부터 어떻게 해야 할지, 아무리 머리를 쥐어짜도 시원한 답이 나오지 않았다.
  (국어 활동 4-1 ㉯ 반장 선거)
- 그렇게 밤낮없이 머리만 쥐어짜고 앉았으면 별 뾰족한 수라도 생기니?

 관용구를 따라 써 보세요.

머리를 쥐어짜다

 문장을 따라 쓰면서 관용구를 익혀 보세요.

이제부터 어떻게 해야 할지, 아무리 머리를 쥐어짜도 시원한 답이 나오지 않았다.

그 집 개 밥맛없이 며칠 만에 걸어짰고 앞발으로 머 없 죽할 수만기 없기

머리털이 곤두서다

: 무섭거나 놀라서 날카롭게 신경이 긴장되다.

비 오는 날 선생님이 해 주시는 무서운 이야기를 들어 본 적이 있나요? 그럴 때 친구가 옆에서 갑자기 놀래기라도 하면 온몸에 소름이 쫙 끼쳐요. 소름은 춥거나 무서울 때 살갗이 오그라들면서 겉에 좁쌀 같은 것이 도톨도톨하게 돋는 것이지요. 이때 몸에 난 털이 같이 곤두서기도 하는데, 심지어 머리털도 쭈뼛쭈뼛 서는 것 같은 느낌이 들어요. 이럴 때 쓰는 표현이에요.

이렇게 쓰여요

- 난데없이 외마디 비명 소리가 났다. 그 순간, 털이 쭈뼛 곤두섰다.
  (국어 5-2 ㉮ 마당을 나온 암탉)
- 지난여름, 사나운 개에게 쫓기던 기억을 떠올리면 지금도 머리털이 곤두섭니다.

 관용구를 따라 써 보세요.

| 머 | 리 | 털 | 이 | | 곤 | 두 | 서 | 다 | |

 문장을 따라 쓰면서 관용구를 익혀 보세요.

문을 닫다

: 경영하던 일을 그만두고 폐업하다.

가게나 건물에 드나들려면 문이 열려 있어야 해요. 그래서 '문을 열다'는 영업을 시작한다는 뜻으로도 써요. 반대로 밤이 되어 가게가 '문을 닫았다'라고 하면 그날 영업이 끝났다는 것을 의미하지요. 나아가 장사를 하던 가게가 '문을 닫았다'는 것은 더 이상 장사를 하지 않는다는 뜻도 된답니다. 한마디로 폐업했다는 것이지요.

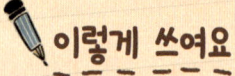 이렇게 쓰여요

- 찾아오는 사람도 없고 절을 지키는 스님도 없으니 이제 절은 문을 닫아야 할 지경이 되었지. (국어 활동 4-2 ㉮ 쌀 나오는 바위)
- 옛날과 달리 요즘에는 길거리에서 서점을 찾아볼 수가 없다.

 관용구를 따라 써 보세요.

문을 닫다	문을 닫다

 문장을 따라 쓰면서 관용구를 익혀 보세요.

찾아오는 사람도 없고 집을 지키는 주남도 없으니 어찌 손을 놓을 수가 있나 물 지경이 되었기

옛날처럼 닫기 요즘에는 가게에서 서점을 찾아볼 수가 없다.

밑도 끝도 없다

: 앞뒤의 연관 관계가 없이 말을 불쑥 꺼내어 갑작스럽거나 갈피를 잡을 수 없다.

우리말 '밑'의 옛날 뜻은 '근본', '바탕' 혹은 '시작'에 가까워요. 밑반찬, 밑천 등에 그 뜻이 남아 있지요. 그래서 '밑도 끝도 없다'는 시작도 끝맺음도 없다는 뜻이에요. 즉 앞뒤 문맥이 없거나, 상황에 맞지 않는 말이나 행동을 할 때 이런 표현을 쓴답니다.

이렇게 쓰여요

- "언니, 고양이 만질 줄 알아?" 밑도 끝도 없는 말에 언니가 눈을 둥그렇게 떴습니다.
  (국어 4-1 ㉮ 고양이야, 미안해)
- 밑도 끝도 없는 민우의 행동에 모두 화가 났다.

 관용구를 따라 써 보세요.

밑	도		끝	도		없	다	

 문장을 따라 쓰면서 관용구를 익혀 보세요.

바람을 쐬다

1. 기분 전환을 위하여 바깥이나 딴 곳을 거닐거나 다니다.
2. 다른 곳의 분위기나 생활을 보고 듣고 하다.

찌는 듯이 더운 여름날, 서늘한 바람 한 줄기가 불어오면 아주 시원한 느낌이 들어요. 이런 상쾌한 바람을 쐬면 기분이 절로 좋아지지요. 그래서 '바람을 쐬다'는 말은 바람 그 자체를 맞을 때뿐만 아니라 기분 전환을 위해 집 밖으로 나가거나 여행을 떠날 때에도 쓰이는 표현이에요.

이렇게 쓰여요

- "경민아, 엄마랑 둘이 바람 쐬러 나갈까?" (국어 6-2 ㉯ 마지막 숨바꼭질)
- 그는 모처럼 바람을 쐬기 위해 여권을 신청했다.

 관용구를 따라 써 보세요.

바 람 을	쐬 다	바 람 을	쐬 다

 문장을 따라 쓰면서 관용구를 익혀 보세요.

"경민아, 엄마랑 둘이 바람 쐬러 가자."

그는 또치럼 바람을 쐬기 위해 창문을 열곤 했다.

발바닥에 불이 나다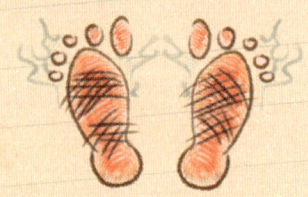

: 부리나케 여기저기 돌아다니다.

먼 거리를 쉬지 않고 걸어본 적이 있나요? 그럴 때는 다리가 아프다 못해 발바닥이 화끈거리기까지 하지요. 이를 발바닥에 불이 난다고 표현해요. 즉, 불이 날 정도로 바쁘게, 열심히 다녔다는 의미이지요. 실제로 열심히 다니는 경우를 나타내기도 하고, 부지런히 생활하는 모습을 빗대어 표현할 때 쓰기도 한답니다.

이렇게 쓰여요

- 기찬이는 눈을 질끈 감고 발바닥에 불이 나도록 내달렸어요. (국어 3-1 ㉮ 꼴찌라도 괜찮아)
- 온종일 바쁘게 일하고 온 아버지께서 "오늘은 정말 발바닥에 불이 일도록 다녔어."라고 말씀하셨습니다.

 관용구를 따라 써 보세요.

발바닥에 불이 나다

 문장을 따라 쓰면서 관용구를 익혀 보세요.

배꼽을 쥐다

: 웃음을 참지 못하여 배를 움켜잡고 크게 웃다.

웃음에는 여러 종류가 있어요. 미소나 실소처럼 살짝 짓는 웃음이 있는가 하면 박장대소처럼 아주 크게 내는 웃음도 있어요. 그런데 너무 심하게 웃다 보면 창자가 부대껴 배가 아프기도 해요. 그러면 자기도 모르게 배를 잡기도 하는데, 이때 '배꼽을 쥐다'라는 말을 쓴답니다. '배를 잡다'라고도 하지요.

이렇게 쓰여요

- 옆에서 찬영이가 배꼽을 쥐는 시늉을 하며 웃었다. (국어 4-1 ㉮ 행복한 비밀 하나)
- 남자아이들이 그 종이쪽지를 보며 배를 움켜쥐고 웃었다. (국어 4-1 ㉮ 행복한 비밀 하나)

 관용구를 따라 써 보세요.

배꼽을 쥐다	배꼽을 쥐다

 문장을 따라 쓰면서 관용구를 익혀 보세요.

옆에서 찬영이가 배꼽을 쥐는 시늉을 하며 웃었다.

남자아이들이 그 종이쪽지를 보며 배를 움켜쥐고 웃었다.

별 볼 일 없다

: 대단하지 않고 하찮다.

'별'은 '보통과 다르게 두드러지거나 특별한'이라는 의미예요. 따라서 '별 볼 일 없다'는 특별히 볼 만하거나 대단한 일이 아니라는 의미가 됩니다. 반대로 '별 볼 일 있다'는 보통과 구별되게 다르거나, 뭔가 특별한 게 있다는 의미로 쓰이지요.

이렇게 쓰여요

- 태원이는 아무리 별 볼 일 없게 여기는 자전거라 하더라도 자기 물건이 제자리에 없자 몹시 언짢았다. (국어 활동 4-2 ㉮ 내 자전거니까)
- "애완견을 키우는 일이 별 볼 일 없어 보인다고?"

 관용구를 따라 써 보세요.

별	볼	일	없다

 문장을 따라 쓰면서 관용구를 익혀 보세요.

보통이 아니다

: 평범하지 않고, 솜씨가 특별하거나 뛰어나다.

학교에서 달리기를 할 때 혹은 그림을 그리거나 악기를 연주할 때 뜻밖의 실력을 드러내는 친구들이 있어요. 이처럼 겉으로는 평범해 보이는데 막상 실력을 겨루어 보니 남다르게 뛰어난 경우 칭찬의 의미로 이 말을 써요. '보통'은 말 그대로 특별하지 않고, 흔히 볼 수 있어 평범하다는 뜻이에요. 따라서 '보통이 아니다'라는 말은 뭔가 특출하다는 뜻이 되지요.

이렇게 쓰여요

- 아버지는 홍도의 그림 솜씨가 보통이 아니라는 걸 알았어요.
  (국어 활동 2-2 ㉮ 그림 그리는 아이 김홍도)

- "걱정하지 말고 제게 맡겨 주십시오." 왕은 다짜고짜 말을 시작하는 그가 보통이 아니란 생각이 들었다.

 관용구를 따라 써 보세요.

보통이 아니다

 문장을 따라 쓰면서 관용구를 익혀 보세요.

성에(이) 차다

: 흡족하게 여기다.

무언가 배부르게 먹었거나, 실컷 놀았을 때 '성에(이) 차다'라는 말을 해요. '성'이란 어떤 본질, 본바탕을 말하고 '차다'는 흡족하게 마음에 든다는 뜻이에요. 따라서 이 표현은 무언가 근본적으로 만족스러운 상황일 때 써요. '마음에 차다'도 이와 같은 뜻으로 통해요.

이렇게 쓰여요

- "녀석, 무얼 그리 킁킁거리며 돌아보고 섰어? 네가 살 집이 성에 차지 않는 모양이구나." (국어 활동 4-1 ㉮ 안녕, 굿모닝?)
- 아이는 우유만으로는 성이 차지 않았는지 계속 울어 댔다.

 관용구를 따라 써 보세요.

성에 차다	성에 차다

 문장을 따라 쓰면서 관용구를 익혀 보세요.

세상을 떠나다

: '죽다'를 완곡하게 이르는 말.

죽음을 뜻하는 말은 여러 가지가 있어요. 한자어로는 영면, 사망, 별세, 타계 등 죽은 대상이나 종교에 따라 용어가 다르지요. 우리말로는 숨지다, 돌아가시다, 죽다 등이 있고, '깊이 잠들다'처럼 문학적으로 표현한 말도 있답니다. 그중에 '세상을 떠나다'는 표현도 있어요. '세상을 버리다', '세상을 하직하다', '세상을 등지다'도 같은 의미이지요.

이렇게 쓰여요

- 그러잖아도 이 세상 떠날 날이 오늘내일하는데, 저 아이를 어찌하나 걱정하고 있었다오. (국어 4-2 ㉮ 울보 바보 이야기)
- 아버지께서 세상을 뜨자 형편이 어려워져 집을 이사해야만 했습니다.

관용구를 따라 써 보세요.

| 세 | 상 | 을 | | 떠 | 나 | 다 |

 문장을 따라 쓰면서 관용구를 익혀 보세요.

손꼽아 기다리다

: 기대에 차 있거나 안타까운 마음으로 날짜를 꼽으며 기다리다.

어린 아이들은 수를 머릿속으로만 세지 못해 손가락을 이용하여 세어요. 보통 손가락을 하나씩 고부리며 헤아리는데, 이것을 '손꼽다'라고 하지요. '손꼽아 기다리다'는 하루하루를 세면서 그날이 오기를 간절하게 기다린다는 뜻으로, 그만큼 기다리는 마음이 크다는 의미예요.

이렇게 쓰여요

- 누나는 친척들이 다 같이 모여 즐겁게 이야기할 수 있는 추석을 손꼽아 기다립니다. (국어 4-1 ㉮ 4. 짜임새 있는 문단)
- 내 동생은 생일이 오기만을 손꼽아 기다립니다.

 관용구를 따라 써 보세요.

손꼽아 기다리다

 문장을 따라 쓰면서 관용구를 익혀 보세요.

손사래를 치다

: 거절이나 부인을 하며 손을 펴서 마구 휘젓다.

'손사래'는 말이나 사실을 거절하거나 인정하지 않을 때, 혹은 남에게 조용히 하라고 할 때 손을 펴서 휘젓는 행동이에요. 예를 들어, 배가 부른데 친구가 더 먹으라고 하면 안 먹겠다는 표시로 쓰기도 하고, 어떤 일이 벌어졌을 때 내가 하지 않았다는 뜻으로 쓰기도 해요. 이처럼 신체를 사용하여 자기 뜻을 밝히는 것을 '몸짓언어' 또는 '몸짓말'이라고 한답니다.

이렇게 쓰여요

- 칠복이는 말이 없고, 센돌이는 힘껏 손사래를 쳤어요. (국어 4-2 ㉮ 신기한 사과나무 중)
- 그런데 할아버지는 무슨 생각을 했는지 곧바로 손사래를 쳤다.
 (국어 활동 4-1 ㉮ 안녕, 굿모닝?)

 관용구를 따라 써 보세요.

손사래를   치다

 문장을 따라 쓰면서 관용구를 익혀 보세요.

숨이 막히다

1. 숨을 쉴 수 없을 정도로 답답함을 느끼다.
2. 어떤 상황이 심한 긴장감이나 압박감을 주다.

목숨을 유지하며 살아가려면 공기를 마시고 내쉬어야 해요. 숨이 막힌다는 것은 그러지 못하게 됨을 뜻하기도 하고, 그랬을 때 느껴지는 답답함을 의미하기도 해요. 또 실제로 숨이 막히는 것은 아니지만 너무 심하게 긴장하여 숨을 못 쉴 것 같은 압박감을 느낄 때도 이 표현을 쓴답니다.

이렇게 쓰여요

- 오늘 해야 할 일을 적은 종이를 건네받자 숨이 탁 막혔다.
- 문 뒤에 숨어 점점 커지는 발걸음 소리를 듣고 있자니 숨이 막힐 것 같았다.

 관용구를 따라 써 보세요.

숨이 막히다 숨이 막히다

 문장을 따라 쓰면서 관용구를 익혀 보세요.

시치미를 떼다

: 자기가 하고도 하지 않은 체하거나 알면서도 모르는 체하다.

'시치미'란 자기가 하고도 아니한 체, 알고도 모르는 체하는 태도를 말해요. 따라서 '시치미를 떼다'는 그런 태도를 보인다는 거예요. '시침을 떼다'라고도 해요. 이익을 챙기고 모른 척할 때도 쓰는데, 이때 같은 뜻의 표현으로 '입을 닦다(씻다)'가 있답니다.

이렇게 쓰여요

- 그런데 다시 자전거 보관대로 돌아오니 헌 자전거가 시치미를 뚝 떼고 그 자리에 있는 것이 아닌가? (국어 활동 4-2 ㉮ 내 자전거니까)
- 분명 동생이 과자를 먹은 것 같은데 시치미를 뚝 떼고 앉아 있었다.

 관용구를 따라 써 보세요.

시치미를 떼다

 문장을 따라 쓰면서 관용구를 익혀 보세요.

씻은 듯이

: 아주 깨끗하게

오랫동안 준비했던 일을 앞두고 긴장하는 경우가 많아요. 잘 해낼 수 있을까 걱정도 되지요. 하지만 일단 해내고 나면 그런 걱정이나 긴장감은 말끔히 사라져요. 마치 지저분한 것이 묻은 손을 물로 씻어 내면 언제 그랬냐는 듯이 깨끗해지는 것처럼 말이에요. 그래서 이럴 때 '씻은 듯이'라는 표현을 써요.

이렇게 쓰여요

- '내가 너를 품어 주마. 무서워하지 마라.' 두려운 마음이 씻은 듯이 사라지고 평온해졌다. (국어 5-2 ㉮ 마당을 나온 암탉)
- 그 약을 바르자 상처가 씻은 듯이 나았습니다.

 관용구를 따라 써 보세요.

| 씻은 듯이 | 씻은 듯이 |

 문장을 따라 쓰면서 관용구를 익혀 보세요.

약을 올리다

: 비위가 상하여 언짢거나 은근히 화가 나게 하다.

'약'은 순우리말로 비위가 몹시 상할 때 일어나는 감정이에요. 따라서 '약을 올리다'는 상대방의 비위를 상하게 하여 화가 나게 하는 것이지요. '비위'는 아니꼽고 싫은 것을 견뎌 내는 성미라는 뜻이 있어요. 그래서 '비위를 뒤집다'라는 표현도 비슷한 의미로 쓰인답니다.

이렇게 쓰여요

- 나는 약이 올라 입을 꼭 다물고 영만이를 노려보았다. (국어 4-1 ㉮ 행복한 비밀 하나)
- 형은 기영이 수박까지 먹어 주겠다고 약을 올렸습니다.

 관용구를 따라 써 보세요.

약을 올리다　약을 올리다

 문장을 따라 쓰면서 관용구를 익혀 보세요.

어안이 벙벙하다

: 뜻밖에 놀랍거나 기막힌 일을 당하여 어리둥절하다.

너무 뜻밖에 일을 당하면 딱히 할 말이 떠오르지 않아요. 마치 혀가 굳어 버린 것처럼 어떤 소리조차 나오지 않지요. '어안'은 바로 이럴 때 말이 안 나오는 상태의 혀 안을 일컬어요. '벙벙하다'는 '어리둥절하여 얼빠진 사람처럼 멍하다'라는 뜻이지요. 너무 어이가 없어 아무런 행동이나 말도 못하는 상태일 때 '어안이 벙벙하다'라는 말을 써요.

이렇게 쓰여요

- 의사가 병을 낫게 해 준 것도 모자라 병원비도 내지 말고 도망을 가라니 어안이 벙벙하였지요. (국어 활동 4-1 ㉯ 가난한 사람들의 아버지)
- 갑자기 이사 갈 생각을 하니 어안이 벙벙해졌다.

 관용구를 따라 써 보세요.

어안이 벙벙하다

 문장을 따라 쓰면서 관용구를 익혀 보세요.

의사가 병을 낫게 해 준 것도 모자라 병원비 ㄷ 대신 믿고 도망을 갔다니 어안이 벙벙하였지요.

거리가 먼 산 생각 ㅈ 자가 관용어 정해 진다

85

이를 악물다

1. 힘에 겨운 곤란이나 난관을 헤쳐 나가려고 비상한 결심을 하다.
2. 매우 어렵거나 힘든 상황을 애써 견디거나 꾹 참다.

'악물다'는 '단단히 결심하거나 무엇을 참아 견딜 때에 이를 꼭 마주 물다.'라는 뜻이에요. 그럼 어떤 때에 이를 악물까요? 주사를 맞을 때처럼 뭔가 고통을 견디거나 이겨 내야 하는 상황일 거예요. 이 표현은 몸의 통증을 참을 때도 쓰지만 특히 곤란하고 힘든 상태를 극복한다는 의미로도 쓰인답니다.

이렇게 쓰여요

- 지금 이 가난을 이겨 내려면 내가 더욱 이를 악물어야겠다는 생각을 했습니다.
- 아무도 기찬이를 응원하지 않고 딴전을 부렸어요. 기찬이는 이를 악물고 뛰었어요.

(국어 3-1 ㉮ 꼴찌라도 괜찮아)

관용구를 따라 써 보세요.

이를	악물다	이를	악물다

 문장을 따라 쓰면서 관용구를 익혀 보세요.

입맛을 다시다

1. 무엇인가를 갖고 싶어 하다.
2. 일이 마음대로 되지 않아 귀찮아하거나 난처해하다.

'입맛'은 음식을 먹을 때 입에서 느끼는 맛에 대한 감각이에요. 또한 어떤 일이나 물건에 흥미를 느끼거나 갖고 싶은 마음을 뜻하기도 하지요. '다시다'는 '침을 삼키며 입을 놀리다'라는 뜻이에요. 따라서 '입맛을 다시다'는 음식을 간절히 먹고 싶을 때도 쓰고, 간절하게 무엇인가를 갖고 싶을 때도 써요. 반대로 일이 뜻대로 되지 않아 난처할 때 쩝쩝대는 모양새를 가리키기도 한답니다.

이렇게 쓰여요

- 까망쇠와 칠복이도 입맛만 다실 뿐 사과에 입을 대지는 못했어요.
  (국어 4-2 ㉮ 신기한 사과나무)

- 양반은 할 말이 없어 입맛만 다셨습니다.

 관용구를 따라 써 보세요.

입맛을 다시다

 문장을 따라 쓰면서 관용구를 익혀 보세요.

입술을 깨물다

: 1. 북받치는 감정을 힘껏 참다.
  2. 어떤 결의를 굳게 하다.

'깨물다'는 아랫니와 윗니가 맞닿을 정도로 세게 무는 것이지만 '밖으로 나타나려는 감정이나 말 따위를 꾹 눌러 참다'라는 뜻도 있어요. 사람들은 울음을 참거나 터져 나오는 말을 억누를 때 입술을 깨무는 경우가 많아요. '입술을 깨물다'는 '주먹을 불끈 쥐다'처럼 무엇인가 결의를 다질 때 쓰기도 해요.

이렇게 쓰여요

- 자존심이 상한 영만이는 입술을 잔뜩 깨물더니 벌떡 일어나 민철이에게 달려들었다. (국어 4-1 ㉮ 행복한 비밀 하나)
- 그는 열심히 공부해서 꼭 원하는 성적을 얻으리라 다짐하며 입술을 깨물었다.

 관용구를 따라 써 보세요.

입술을 깨물다

 문장을 따라 쓰면서 관용구를 익혀 보세요.

입을 다물지 못하다

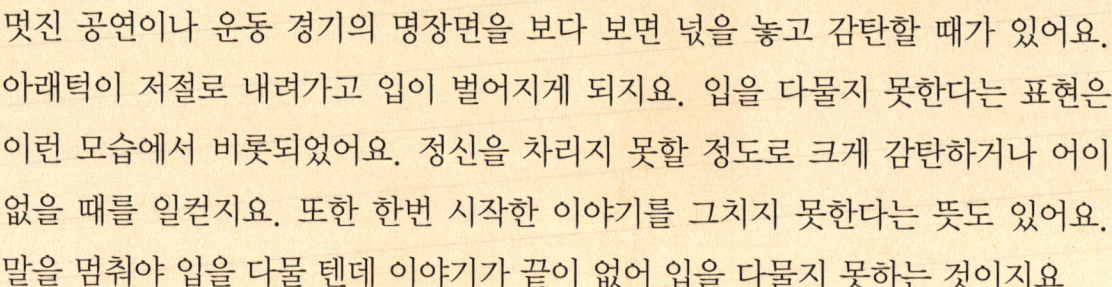

1. 몹시 감탄하거나 어이없어하다.
2. 한번 시작한 이야기를 그치지 못하다.

멋진 공연이나 운동 경기의 명장면을 보다 보면 넋을 놓고 감탄할 때가 있어요. 아래턱이 저절로 내려가고 입이 벌어지게 되지요. 입을 다물지 못한다는 표현은 이런 모습에서 비롯되었어요. 정신을 차리지 못할 정도로 크게 감탄하거나 어이없을 때를 일컫지요. 또한 한번 시작한 이야기를 그치지 못한다는 뜻도 있어요. 말을 멈춰야 입을 다물 텐데 이야기가 끝이 없어 입을 다물지 못하는 것이지요.

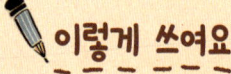 이렇게 쓰여요

- 장운은 붓과 벼루를 가슴에 싸안고서 입을 다물지 못했다. (국어 4-2 ㉯ 글자 놀이)
- 그 친구는 자기 이야기에 푹 빠지면 입을 다물지를 못합니다.

 관용구를 따라 써 보세요.

입을 다물지 못하다

 문장을 따라 쓰면서 관용구를 익혀 보세요.

정신을 차리다

: 1. 잃었던 의식을 되찾다.
  2. 잘못이나 실패의 원인을 알아서 뉘우치며 정신을 다잡다.
  3. 사리를 분별하게 되다.

쓰러지거나 기절한 사람이 깨어났을 때 '정신을 차렸다'라고 말해요. 이 경우 '정신'은 육체와 대립되는 의미로 의식이나 혼을 뜻해요. 또한 깜빡하고 해야 할 일을 놓쳤을 때 '정신 좀 차려라'라고 하는데, 이때의 정신은 '마음의 자세나 태도'를 말하지요. 마지막으로 '사물을 느끼고 생각하며 판단하는 능력'이 생긴다는 뜻으로 이 표현을 쓰기도 한답니다.

이렇게 쓰여요

- 아이가 정신을 차린 건 며칠 뒤였어요. (국어 4-2 ㉮ 신기한 사과나무)
- 그러나 네 번째 후보 라빈이가 연설을 할 때서야 퍼뜩 정신이 들어 연설 내용을 생각하여 보았다. (국어 활동 4-1 ㉯ 반장 선거)

 관용구를 따라 써 보세요.

정신을 차리다

 문장을 따라 쓰면서 관용구를 익혀 보세요.

아이가 정신을 차린 건 며칠 뒤였어요.

그러나 네 번째 후보 리빈이가 연설을 할 때서야 퍼뜩 정신이 들어 연설 내용을 생각하여 보았다.

종종걸음을 놓다

: 발을 가까이 자주 떼며 급히 움직이다.

'종종걸음'은 발을 가까이 자주 떼며 급히 걷는 걸음이에요. 급하거나 바쁜 일이 있으면 행동이나 발걸음이 빨라지기 마련이지요. 그래서 '종종걸음을 놓다'는 바쁘게 움직이는 상황을 뜻해요. '종종걸음을 치다'라고도 써요.

이렇게 쓰여요

- 바다가 훤히 보이는 4층짜리 복음병원 안에서 장기려는 항상 종종걸음을 쳤습니다.
  (국어 활동 4-1 ㉯ 가난한 사람들의 아버지)

- 종일 빨래며 청소며 종종걸음을 놓다 보니 저녁에는 녹초가 되곤 했다.

 관용구를 따라 써 보세요.

종종걸음을 놓다

 문장을 따라 쓰면서 관용구를 익혀 보세요.

주먹을 불끈 쥐다

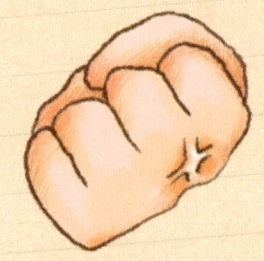

: 갑자기 주먹을 꼭 쥐며 무엇에 대한 결의를 나타내다.

손가락을 모두 오므려 꼭 쥔 상태를 주먹이라고 해요. 순간적으로 강한 힘을 주어 손을 오므릴 때 주먹을 불끈 쥔다고 하지요. 주로 강한 결심을 나타낼 때 이 말을 써요. 주먹을 포함한 말 가운데 '주먹이 오가다'라는 말이 있어요. 이는 싸움이 벌어져 서로 주먹질을 하는 모습을 뜻한답니다.

이렇게 쓰여요

- "내가 오늘 쥐 소굴을 꼭 찾고야 말겠다." 엄마는 두 주먹을 불끈 쥐셨어요.
  (국어 4-1 ㉮ 독 안에 든 빵 작전)

- 그 여자들은 난리 속에서 나약하게 울지 않고, 남자보다 더 강인하게 두 주먹을 쥐고 가족을 위하여 가난과 싸운 용감한 전사들이었단다.
  (국어 6-2 ㉯ 꽉 막힌 생각, 뻥 뚫린 생각)

 관용구를 따라 써 보세요.

주먹을 불끈 쥐다

 문장을 따라 쓰면서 관용구를 익혀 보세요.

코웃음을 치다

: 남을 깔보고 비웃다.

'코웃음'은 상대방의 잘못을 나무라거나 나쁘게 말할 의도로 콧소리를 내거나 코끝으로 가볍게 웃는 웃음이에요. '흥!'이라는 감탄사로 표현하지요. '치다'는 웃음을 얼굴에 나타낸다는 뜻이에요. 그래서 '눈웃음을 치다'라는 표현도 써요. 눈웃음과 달리 코웃음은 상대방을 얕잡아 보는 태도이므로 대화 중에는 이런 행동을 하지 않도록 주의해요.

✏️ 이렇게 쓰여요

- 그러나 베짱이는 코웃음을 치면서 이렇게 말하였습니다. (국어 2-2 ㉮ 개미와 베짱이)
- 옆에 서 있던 저승사자가 코웃음을 치며 말했다. (국어 6-2 ㉯ 저승에 있는 곳간)

 관용구를 따라 써 보세요.

코웃음을 치다

문장을 따라 쓰면서 관용구를 익혀 보세요.

콧등이 시큰하다

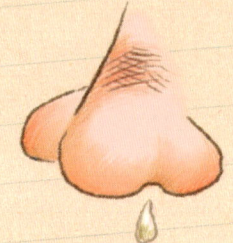

: 어떤 일에 감격하거나 슬퍼서 눈물이 나오려 하다.

콧등은 평소에 아무런 감각도 느껴지지 않지만 눈물이 나오려 할 때는 약간 매우면서 짠한 느낌이 전해져 와요. 마치 코로 물이 조금 들어갔을 때의 찡한 느낌과 비슷하지요. 이런 느낌을 '시큰하다'라고 표현해요. 특히 억지로 눈물을 삼키려 하면 콧등이 더욱 시큰거려요. '눈시울이 시큰하다'도 비슷한 상황에서 쓰는 표현이랍니다.

이렇게 쓰여요

- 죽어 가는 새끼 고양이의 이야기를 하는데 콧등이 시큰하며 눈물이 핑 돌았습니다.
  (국어 4-1 ㉮ 고양이야, 미안해)
- 괜찮다며 등을 토닥여 주는 어머니의 손길에 규은이는 그만 콧등이 시큰해졌습니다.

 관용구를 따라 써 보세요.

콧등이 시큰하다

문장을 따라 쓰면서 관용구를 익혀 보세요.

풀이 죽다

: 1. 활기나 기세가 꺾이다.
  2. 풀기가 빠져서 빳빳하지 않게 되다.

'풀'은 세찬 기세나 활발한 기운을 뜻해요. 그러니 '풀이 죽다'라는 말은 그런 기운이 꺾인다는 뜻이에요. 또한 풀은 쌀이나 밀가루 따위의 전분질에서 빼낸 끈끈한 물질을 뜻하기도 해. 이것을 종이나 옷감 등에 배게 하면 빳빳해지지요. 그런데 시간이 오래되면 풀 기운이 약해져 종이나 옷감의 빳빳함이 사라져요. 그래서 '풀이 죽다'는 풀기가 빠져 빳빳하지 않게 된다는 의미도 있어요.

 이렇게 쓰여요

- 예주는 글을 쓸 때마다 선생님의 칭찬을 독차지했다. 그런 예주를 볼 때마다 아이들은 풀이 죽었다. (국어 4-2 ㉯ 저작권 침해)
- 풀이 죽은 제복을 보고 아버지께서는 얼굴을 찡그리셨다.

 관용구를 따라 써 보세요.

풀	이	죽	다		풀	이	죽	다

 문장을 따라 쓰면서 관용구를 익혀 보세요.

혀를 차다

: 마음이 언짢거나 유감의 뜻을 나타내다.

'차다'는 '혀끝을 입천장 앞쪽에 붙였다가 떼어 소리를 내다'라는 뜻이에요. 그 소리를 '쯧쯧' 또는 '끌끌'이라고 나타내지요. '쯧쯧'의 경우 불쌍한 마음이 들 때 내는 소리로 쓰기도 하고, 못마땅한 느낌일 때 내는 소리이기도 해요. '끌끌'은 마땅찮은 마음을 표현한답니다.

이렇게 쓰여요

- "쯧쯧, 죽었나 보구나." 뒤따라오던 할아버지가 가엾다는 듯이 혀를 찼습니다.
  (국어 활동 3-1 ㉮ 플랜더스의 개)

- "어이쿠! 세상이 어떻게 되려는지, 원." 할머니는 혀를 끌끌 차며 가 버렸어요.
  (국어 활동 3-1 ㉮ 반말 왕자님)

 관용구를 따라 써 보세요.

혀	를		차	다		혀	를		차	다